46.336.

RÉFLEXIONS

D'UN MILITAIRE

SUR

L'ÉTAT ACTUEL DES CHOSES;

DÉDIÉES

A MM. LES DÉPUTÉS ET ÉLECTEURS.

A PARIS,

CHEZ LES MARCHANDS DE NOUVEAUTÉS.

Juin 1815.

1866

RÉFLEXIONS

D'UN MILITAIRE

SUR

L'ÉTAT ACTUEL DES CHOSES;

DÉDIÉES

A MM. LES DÉPUTÉS ET ÉLECTEURS.

VINGT-CINQ ans de calamités ont pesé sur ma belle et malheureuse patrie ; pendant vingt-cinq ans, notre gloire et notre puissance n'ont point eu de bornes. L'aigle impérial a couvert de ses ailes les bords du Tage et les rives de la Dwina. Tributaires de la France, les nations étrangères déposaient à ses pieds et leur orgueil, et leurs richesses.

Sortis des rangs de l'armée, un homme doué d'un génie aussi vaste qu'entreprenant, dévoré du desir de s'illustrer, et d'assurer à jamais la gloire de la nation qu'il chérissait, a su cons-

tamment fixer la victoire sous l'étendard français ; et la reconnaissance nationale a ceint le
bandeau des rois sur le front d'un soldat.

Napoléon , après avoir sauvé sa patrie par sa
belle campagne d'Italie , osa concevoir le hardi
et généreux projet de l'élever au-dessus de son
siècle , et de la faire craindre et respecter des
puissances voisines. Sa volonté eut l'inflexibilité
du destin ; comme un torrent impétueux , son
génie franchissait les obstacles que les préjugés
et les rois humiliés lui suscitaient. La paix con-
tinentale était l'unique objet qu'il se proposait ;
mais il la voulait honorable et avantageuse à la
France.

Une nation jadis vaincue par nos aïeux , et
dont les crimes ont ensanglanté les pages de
l'histoire , la lui refusait ; profitant de nos dissensions civiles , l'Angleterre s'était emparée de
nos vaisseaux , et avec l'or des deux mondes ,
elle soudoyait nos ennemis. La gloire et le
bonheur de la France forcèrent Napoléon de
rallumer une guerre qu'il eût voulu éteindre.
La Russie , trompée et séduite par le cabinet de
Saint-James , refusa de coopérer au repos du
monde , en adhérant au système continental ;
il fallut l'y contraindre , et la campagne de 1812
fut résolue.

Jamais le génie ne déploya d'aussi vastes ressources ; jamais le courage n'opéra tant de prodiges qu'à cette fatale et mémorable époque. Le plus grand succès allait couronner la plus étonnante entreprise ; les flammes qui dévoraient Moscow menaçaient Pétersbourg ; mais on eût dit que le ciel, jaloux de notre gloire, combattait contre nous. L'hiver hâta son retour, et les frimats seuls pouvaient vaincre une armée de héros. Des revers jusqu'alors inconnus dans les fastes du monde renversèrent nos projets, et relevèrent le courage et les espérances de nos ennemis. La France eût été invincible encore, si des traîtres ne l'eussent vendue ; comblés d'honneurs et de richesses par le souverain qu'ils avaient choisis, ils se couvrirent d'opprobre aux yeux indignés de l'Europe. Que pouvait opposer la France au torrent destructeur qui menaçait de l'engloutir ? Le génie de Napoléon lutta en vain contre les destinées ; il succomba, mais il succomba avec gloire ; et toujours grand au sein de l'adversité, ses ennemis envièrent jusqu'à sa défaite.

La famille des Bourbons, que la nation avait justement proscrite, de laquelle personne ne se souciait, et que sa nullité avait fait oublier, parut à la suite des bagages des armées alliées, et réclama le trône d'Henri IV, comme un citoyen réclame une propriété qu'il a aliénée par sa mauvaise conduite. Dans ce tems de crise, il fallait un chef au gouvernement : les malheurs qu'avaient éprouvés les Bourbons, l'expérience qu'on leur supposait avoir acquise par l'adversité, réunirent quelques suffrages en leur faveur; une paix honorable qu'ils nous promettaient au nom des alliés, les fit asseoir sur le trône.

Louis XVIII trompa toutes les espérances : la paix qu'il nous avait promise fut honteuse; la cession de trente-sept places fortes que *Monsieur*, son frère, fit aux ennemis, nous laissait sans défense; la France, ouverte de tous côtés, échancrée de toutes parts, n'était pas même à l'abri d'un coup de main : dans l'intérieur, les citoyens étaient divisés d'opinion et d'intérêt; les gentillâtres sollicitaient et obtenaient toutes les places, et avaient à la cour un crédit qui menaçait de tout envahir. C'est envain qu'on avait promis l'oubli du passé et confirmé la vente des biens nationaux; tous ceux qui étaient convaincus ou même soupçonnés d'avoir joué un rôle dans la révolution, ou émis des opinions contraires aux intérêts de la famille royale, étaient persécutés et contraints de renoncer aux places

que de longs services leur avaient méritées ;
les acquéreurs de propriétés nationales étaient
sourdement menacés d'être dépouillés de leurs
acquisitions ; le gouvernement tolérait et récom-
pensait même des écrivains sans pudeur qui,
dans des brochures incendiaires, cherchaient à
les perdre dans l'opinion. Le clergé, toujours
dangereux quand aucun frein ne l'arrête, alar-
mait les consciences timorées ; et la religion de
l'évangile, si grande, si miséricordieuse, dé-
mentant son langage sublime, portait aux pieds
de l'Eternel les cris de la vengeance, et dési-
gnait la tête des coupables.

Rentrés dans le sein de la patrie qu'ils avaient
voulu déchirer, les émigrés n'apportèrent avec
eux que le desir de la vengeance : se disant hau-
tement les restaurateurs de la monarchie, ils
croyaient que le gouvernement ne pouvait trop
récompenser leur impudente nullité. Etrangers
au sein de la France, ils traitaient ses habitans
comme s'ils les eussent vaincus. Ne se trouvant
pas à la hauteur du siècle, ils voulurent l'abaisser
à leur niveau et rétablir les coutumes ancien-
nes, dont la raison et la philosophie avaient eu
tant de peine à triompher. Les hommes assez
courageux pour plaider la cause du peuple,
étaient considérés comme des ennemis du trône

et du ciel , et comme tels humiliés et persécutés.

Le trône ne fut entouré que par les ennemis de la France ou par des étrangers dont les
noms inconnus jusqu'alors , n'inspiraient ni
confiance ni vénération. Qu'étaient les ducs de
Blacas , de Duras , etc. , etc. ? quels services
avaient-ils rendus à la France ? avaient-ils jamais
acquis , soit au champ d'honneur , soit dans la
carrière administrative, l'honneur de nous com-
mander ? Courtisans sans mérite , ils gouver-
naient la nation sous le nom de Louis XVIII ;
vendus à l'Angleterre , ils éloignaient du trône
ceux dont la tête et les bras furent la terreur de
nos ennemis. Opposant tour-à-tour la nation au
roi , le roi à la nation , ils cherchaient à allumer
la guerre civile avec la torche de la discorde ; la
gloire qu'avait acquise la nation et l'armée fran-
çaise les importunait ; ils voulaient, d'une main
sacrilége , flétrir les lauriers de vingt-cinq ans
de victoires. On se rappelle avec indignation à
quels indignes excès se porta le duc de Berry
contre la brave garde impériale.

Loin des bords de la Seine qu'il avait em-
bellis , Napoléon étudiait les secrets de nous
rendre au bonheur ; son génie tout puissant
veillait encore sur cette France , l'objet de ses

plus tendres affections. Sûr de vivre toujours dans le cœur des braves qu'il avait si souvent conduits à la victoire, il traverse les mers. A peine a-t-il touché cette terre, où chaque objet lui rappelle un laurier, que des chants d'allégresse ont retenti sur le rivage qui reçoit son navire : une foule immense accourt sur ses pas, l'entoure et le bénit ; et dans l'espace de vingt jours, l'étendard national a flotté sur tous les édifices de la capitale. C'est envain que le roi appelle à son secours un peuple qu'il a trompé : les menaces et les promesses sont sans effet. Contraint d'abandonner un trône qu'il ne savait pas défendre, il conçut l'épouvantable projet d'allumer la guerre civile du nord au midi, de rappeler sur le territoire français les troupes étrangères, et d'anéantir la France pour la conquérir.

Louis, désespérant d'une cause qui n'était plus celle de la nation, profite de l'obscurité et du silence de la nuit, se couvre d'un opprobre éternel en emportant les trésors et les diamans de la couronne dans sa fuite. Les membres de sa famille se dispersent pleins du démon de la vengeance, et vont mendier des protecteurs ou agiter les brandons de la discorde. Satisfaits d'avoir, avec notre or, soulevé la populace du

Midi, ils souriaient à l'espoir d'inonder le sol français du sang de ses enfans.

Jaloux de la France qui les avait humiliés et qu'ils n'ont pu vaincre, les potentats de l'Europe saisissent avec empressement le projet d'une nouvelle coalition : des armées innombrables nous menacent et des proclamations absurdes nous injurient. Comme un pilote expérimenté, Napoléon, calme au sein de l'orage, oppose son génie à la tempête ; et le front ceint de lauriers, il rit de la foudre qui gronde au loin. Entouré des vainqueurs de Marengo, d'Austerlitz, d'Iéna, de Wagram, Montmirail, etc., etc., qu'a-t-il à redouter ? La nation, indignée, se lève en masse contre ses oppresseurs. Plein du saint enthousiasme qui, sur les bords du Pô et de l'Adige, conduisit nos soldats à la victoire et à l'immortalité, chaque Français offre son bras ; et les chants de la liberté se mêlant au bruit des armes, vont jusqu'aux pieds des trônes épouvanter les rois.

Notre attitude guerrière en impose aux alliés : ils annoncent avec emphase les préparatifs immenses qu'ils font contre nous, et rien de positif, rien de décidé ! Les puissances qui paraissent les plus acharnées à notre perte sont la Prusse et l'Angleterre : la première était jadis notre tributaire et notre alliée ; le roi de Prusse veut-il de nouveau tenir l'épée d'une main encore meurtrie par ses chutes ? espère-t-il que la Saxe, qu'il veut démembrer, restera paisible spectatrice de la lutte qui va s'engager ? ignore-t-il que les Saxons chérissent le roi qu'on veut leur ôter, et qu'ils détestent le joug de fer qu'on veut leur imposer ? Quelle occasion plus favorable de le secouer peut jamais se présenter ? Obligée de diviser ses forces, la Prusse cesse d'être redoutable.

L'Angleterre, épuisée d'hommes et d'argent par les sacrifices innombrables que sa défense personnelle l'a forcée de faire pendant quinze ans, a plus besoin de la paix que d'une guerre nouvelle. Les Etats-Unis, qu'ils ont si injustement et si inhumainement traités, saisiront peut-être le moment de tirer une vengeance éclatante de l'incendie de Washington.

Les éternels orateurs du parlement prêchent envain une croisade contre nous ; la saine partie de la nation ne veut pas y adhérer, et le peuple accablé d'impôts, ne veut pas payer encore une fois les frais immenses d'une guerre au moins inutile, pour ne rien dire de plus.

Épuisée par la dernière campagne, la Russie ferait difficilement les frais exhorbitans d'une

nouvelle coalition : en supposant qu'elle sur-
montât ces premiers obstacles , croit-on que
l'empereur Alexandre ira , sans aucune espèce
d'avantage, traverser de nouveau les déserts qui
nous séparent, pour rétablir sur le trône de
France une famille qui doit lui être, et lui
est parfaitement indifférente ; il est trop bien
persuadé que la Pologne qu'il veut assujétir
saisirait avec avidité l'occasion de recouvrer sa
liberté; et que d'un autre côté , la Porte Ot-
tomane lui ravirait peut-être le fruit de plu-
sieurs années de conquêtes. Le *magnanime*
Alexandre , ainsi qu'il a plu à nos grands
hommes du jour de le qualifier, ne peut donc
faire partie principale de la coalition ; il ne
peut, tout au plus , que fournir un contingent
d'hommes et d'argent, qu'il enverra le moins
fort et le plus tard possible.

L'Autriche est donc la seule puissance qui,
par sa position topographique et ses forces,
soit à craindre pour nous. Mais trop longtems
séduite par la politique affreuse du cabinet de
Saint-James , elle est sur le point d'ouvrir les
yeux et de renoncer à une guerre qu'elle n'aurait jamais dû commencer. Quel intérêt peut
donc avoir l'empereur François à rétablir sur
le trône de France une famille qui , de tout

tems , fut ennemie de la sienne ? Et à qui fait-il la guerre ? à sa fille , à son petit-fils. Indignement trompé une première fois , il se couvrirait d'opprobre une seconde. Quel motif pourrait donc l'y contraindre ? Napoléon et la France lui demandent-ils de renoncer à quelques-unes de ses provinces ? ne le laissent-ils pas tranquille possesseur de ses vastes domaines ? l'a-t-on provoqué ? non. Il serait donc gratuitement le bourreau de sa famille ! Au surplus, si,, à la honte de l'humanité et de la raison , il persiste à prendre une part active dans la coalition , l'Italie, qui ne porte qu'en frémissant ses chaînes , fera de nouveaux efforts pour les rompre ; et le roi de Naples , forcé de se concentrer , pourra peut-être bientôt reprendre l'offensive , et notre armée des Alpes, si les hostilités commencent, pourra bien , en entrant dans le Piémont , où nous sommes vivement desirés , hâter la retraite de l'armée autrichienne.

L'Espagne ruinée par la guerre dont elle fut si longtems le théâtre , déchirée par ses divisions intérieures, ayant pour chef le stupide Ferdinand VII , régie par des moines ignorans , doit inspirer plus de pitié que de crainte. D'ailleurs, l'expérience nous a prouvé

que les Espagnols ne sont redoutables que chez
èux , et que toutes les fois qu'ils ne combattent
pas pour leurs foyers, et qu'ils ne sont pas
animés par le fanatisme , ils sont peu à
craindre.

Ainsi, d'après l'exposé impartial que je viens
de tracer, on peut calculer approximativement
les forces dont les alliés nous menacent. Voyons
maintenant celles que nous avons à leur opposer : une armée immense , accoutumée de-
puis vingt ans à des succès et guidée par le
premier capitaine de l'Europe ; un million de
gardes nationaux qui ont juré de ne quitter les
armes que lorsque la paix serait consolidée, et
de mourir, s'il le faut, pour la défense de la
patrie ; l'enthousiasme de l'honneur et de la
liberté , remplit tous les cœurs et électrise
toutes les âmes ; les sacrifices de toute espèce
que font les citoyens, que leur âge et leurs
infirmités empêchent de prendra une part active à la défense de leurs foyers ; des généraux, dont la réputation est le fruit de vingt
ans de travaux, dévorés du desir de la gloire
nationale, et brûlant de laver avec le sang
ennemi, la souillure que les pas de l'étranger
ont imprimée sur le sol français. Eh ! c'est une
nation pareille, qui ne vit que par l'hon-

neur et pour l'honneur, que les alliés se sont flattés de réduire à un honteux esclavage ! c'est la France qui, en 1813 et 1814, épuisée par une guerre longue et meurtrière, avec la dixième partie des ressources que nous avons actuellement, a balancé la fortun₁ des nombreuses armées alliées, et les aurait vaincues si des traîtres ne l'eussent vendue !

En supposant donc que la guerre est inévitable, la valeur de nos armées, l'expérience de nos généraux nous autorisent à croire que l'issue ne pourra en être qu'honorable et avantageuse à la France.

Sur quoi fonder les espérances de succès dont s'enivrent les alliés, les forces étant balancées ? Ne pouvant nous vaincre par leurs armes, ils voudront nous désunir en faisant adroitement combattre une partie de la nation contre l'autre partie, pour recueillir paisiblement le fruit de nos dissensions.

Les émigrés, qu'une trop indulgente patrie a bien voulu recevoir dans son sein et compter au nombre de ses enfans, se berçaient de l'espoir flatteur que, Louis XVIII sur le trône, ils pourraient rentrer dans leurs anciens priviléges, et compter au nombre de leurs serviteurs tous ceux qui n'étaient pas porteurs de parchemins vermoulus. La nation rejetant un gouvernement qui voulait la déshonorer aux yeux de l'Europe, les émigrés n'ont pu et ne pourront jamais renoncer à leurs projets ridicules; et considérant la famille des Bourbons comme un bouclier à l'ombre duquel ils pourront les réaliser, ils desirent son rétablissement au trône avec la plus constante ardeur. Étangers à tous sentimens d'honneur et de gloire nationale, le plus vil égoïsme dirige et calcule toutes leurs opérations, et leur patrie est là où ils pourront dominer. Lâches et obscurs conspirateurs, ils font tous leurs efforts pour attiédir l'enthousiasme qui anime les citoyens; et, sous le prétexte spécieux de l'intérêt du ciel et d'un roi qu'ils méprisent, ils rappellent la guerre et la discorde parmi nous.

Tous les individus, amis de nos oppresseurs, qui favorisent leurs opérations, doivent être considérés par nous comme nos ennemis : il n'est plus tems d'user d'indulgence à leur égard. Armons-nous de la plus grande sévérité; que la police éclaire leur ténébreuse conduite, et que la patrie qu'ils outragent les punisse sans pitié.

Ainsi, pendant que nous opposons à nos ennemis des généraux habiles, il faut opposer aux menées sourdes qui tendent à tout désunir, des lois et des vertus qui tendent à tout rétablir; et delà, quelle foule de devoirs essentiels pour chaque citoyen ! Que tous ceux donc qui ne sont pas appelés à voler sur les frontières, soient pénétrés de cette grande vérité, qu'aimer sa patrie, c'est faire tous ses efforts pour qu'elle soit tranquille au dedans quand elle est menacée au dehors. Que les vrais Français forment donc une ligne redoutable qui soit la terreur des factieux; qu'ils aient constamment les yeux ouverts sur tout ce qui les environne, qu'ils surveillent leurs démarches et les livrent aux tribunaux.

O vous ! chers concitoyens, qui êtes l'objet de ces réflexions, combien je regrette en ce moment de n'avoir pas une éloquence assez vive pour vous parler dignement des vertus dont je suis pénétré, et embrâser vos âmes du feu sacré de l'amour de la patrie ! Souvenez-vous que cette patrie a des droits imprescriptibles sur vos talens, sur vos vertus, sur vos sentimens et sur toutes les actions de votre vie; qu'en quelqu'état que vous vous trouviez, vous n'êtes que des soldats en faction, obligés de veiller sur elle, et de vous dévouer à son salut.

Pour remplir dignement d'aussi nobles fonc-
tions, il ne suffit pas de vous acquitter scrupu-
leusement des emplois qu'elle vous confie, de
défendre ses lois, de répandre votre sang au
champ d'honneur; il est pour elle des ennemis plus dangereux que les ligues des nations : c'est cette guerre sourde et lente, mais
vive et continue que lui font ses ennemis
intérieurs, guerre, d'autant plus funeste que
le gouvernement n'a par lui-même que des
moyens imparfaits de l'éviter ou de la conte-
nir, si chaque citoyen ne lui prête et ses
yeux et ses bras.

Désespérant de vous vaincre, vos ennemis
chercheront à vous tromper, ils vous en-
toureront d'espions dont l'infatigable activité
vous dressera des embûches, saisira l'instant
d'une faiblesse, puis vous sacrifiera à leurs
projets.

Rejetez donc loin de vous toutes propositions
qui seraient en opposition aux mesures sages et
vigoureuses que prend un gouvernement éclairé.
Persuadez-vous bien de cette importante vérité,
que leur but favori est d'allumer parmi nous
une guerre civile que rien ne pourrait éteindre,
et qu'il ne suffit pour cela que d'une étincelle.

Le pire de tous les maux qui puissent nous

arriver, est de succomber dans la lutte qui, peut-être, va s'engager : dans ce cas, plus d'espoir de liberté pour nous. Victimes dévouées aux caprices des nobles et des prêtres, nous traînerons péniblement, dans la honte et l'esclavage, les restes infortunés de notre existence. C'est en vain que les royalistes nous disent : Louis XVIII pardonnera votre égarement ; et , monarque indulgent, il apportera avec lui l'oubli du passé. L'expérience ne nous prouve-t-elle pas la foi qu'on doit ajouter à sa parole ? Eh quoi ! trompés une fois, les Français lui décernèrent une couronne, qu'il n'a rien fait pour mériter ; il ne la ceignit que pour mieux exercer la vengeance dont son cœur était ulcéré ; il recula vers le passé, l'interrogea et n'y trouva que des coupables. Protecteur déclaré de tous ceux qui, dans les champs de la Vendée, s'étaient souillés du sang de vos pères et de vos frères, il voulait leur partager vos dépouilles et les enrichir des propriétés que vous aviez légitimement acquises. Ce n'est pas tout encore : il voulait que des monumens, élevés par nos mains, transmissent à la postérité les crimes de nos oppresseurs et la honte d'une nation qui n'avait d'autre tort à ses yeux, que d'avoir revendiqué les droits sacrés et imprescriptibles de l'homme.

Voilà l'avenir affreux qui nous attend, si nous écoutons les insinuations perfides des royalistes. Le chef de la famille des Bourbons est votre roi légitime, nous disent-ils; la France et ses habitans sont ses propriétés, et vous ne pouvez rompre sans un crime, les liens qui vous attachent à lui. Voilà un argument qui était sans réplique sous le règne *brillant* de Louis XIII; mais aujourd'hui on ne raisonne plus ainsi : les Français ne peuvent et ne doivent être la propriété de personne : les Bourbons ont été nos souverains *légitimes* pendant qu'ils ont fait notre bonheur, si tant est qu'il l'aient jamais fait; et nous ne reconnaissons maintenant pour *souverain légitime* que la personne qui garantira notre territoire de l'invasion des ennemis, et qui assurera notre prospérité par une constitution sage et libérale.

L'intérêt général d'où résulte toujours l'intérêt particulier, nous fait un devoir de nous rallier sous l'étandard national; divisés, nous ne trouverons que la honte et l'esclavage; unis, nous sommes et serons toujours invincibles.

Encore un effort, et la France va reprendre parmi les autres nations le titre glorieux de première des nations, que lui ont valu vingt-cinq ans de travaux; encore un effort, et bientôt des jours heureux et tranquilles vont succéder à la tempête. Des hommes instruits par l'expérience, et que leurs vertus et leur amour pour la patrie vous ont fait désigner pour défendre vos intérêts, s'assemblent en ce moment, et vont sanctionner l'acte sur lequel doit reposer notre félicité. Vos yeux et ceux de l'Europe entière sont ouverts sur eux; ils ne trahiront ni la haute opinion de sagesse qu'ils vous ont inspirée, ni vos espérances. Persuadés que la nation veut un gouvernement extrêmement libéral, leur prudence saura le tempérer par une autorité paternelle qui nous préservera à jamais des troubles et de l'anarchie dont nous fûmes si longtems les déplorables victimes.

Napoléon a assez fait pour sa gloire et la nôtre. Les tems n'étant plus les mêmes, il doit changer avec eux. Son intérêt et celui de sa dynastie lui en font un devoir. D'ailleurs, les titres sacrés de père et de monarque lui imposent l'obligation de se dévouer tout entier au bonheur des Français; le commerce, les arts et l'agriculture réclament ses premiers soins; il a mérité deux fois le titre de notre libérateur, et son cœur lui fait un devoir d'obtenir celui de notre père.

Étranger à l'art d'écrire, je n'ai ni cette force

de raisonnement qui convainc, ni l'éloquence qui persuade. Aimant mon pays avec idolâtrie, j'ai hasardé ces réflexions : puissent-elles fortifier dans le cœur de tous les bons Français, l'amour sacré de la patrie en leur faisant connaître ce qu'elle attend de leur zèle, de leur courage, et les obligations nombreuses qu'elle leur impose. Puissent-elles dessiller les yeux de ceux de mes concitoyens qui, desirant le bien public, ont été trompés sur les moyens de le faire prospérer ! Puissent-elles inspirer à tous, une haine active et vigoureuse contre nos ennemis ! En bon citoyen, j'ai cru lui devoir ce premier témoignage de mon dévouement, en attendant qu'elle réclame de moi de plus importans services au champ d'honneur. J'ai voulu faire le bien ; ce motif doit être mon excuse auprès de nos aristarques.

M....., *sous-officier au deuxième régiment des gardes-d'honneur.*

DE L'IMPRIMERIE DE Mme. V^c. PERRONNEAU, quai des Augustins, n°. 39.